WHAT IF
I'M POWERFUL

WHAT IF
I'M WORTHY

WHAT IF
EVERYTHING IS OKAY

WHAT IF
I'M LIMITLESS

WHAT, IF
I JUST BREATHE

WHAT IF
I'M STRONG

WHAT IF
I'M A MIRACLE

WHAT IF
I'M HEALING

WHAT IF
I CAN DO IT

WHAT IF
I SHINE

WHAT IF
I'M SAFE
AND PROTECTED

WHAT IF
I'M BEAUTIFUL

WHAT IF
I'M FREE

WHAT IF
IT'S WONDERFUL

WHAT IF

LOVE IS ALL AROUND ME

WHAT IF
I AM ENOUGH

WHAT IF
I DARE TO LOVE

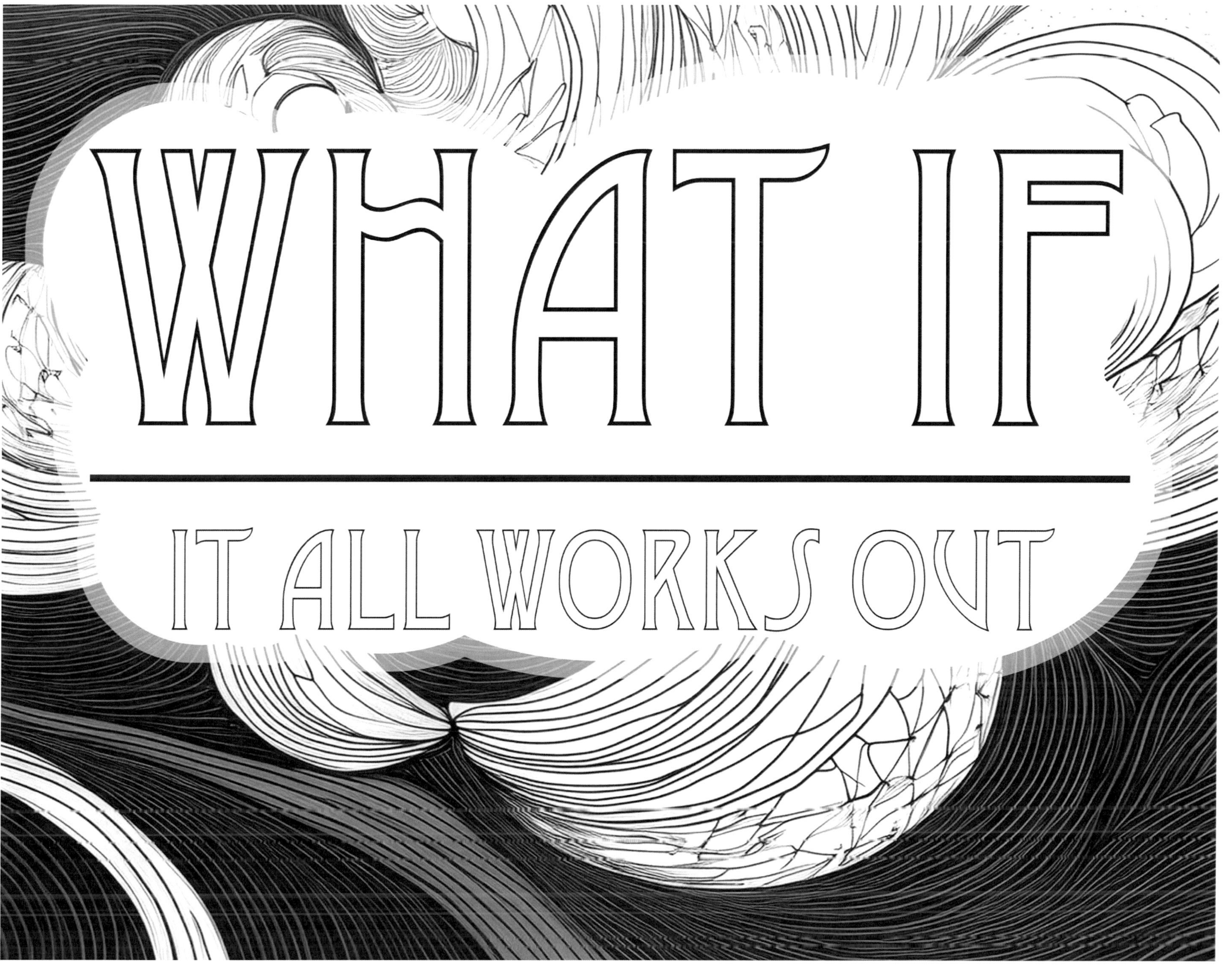

WHAT IF
IT ALL WORKS OUT

WHAT IF